AF336358

OPINION

ET

PROJET DE LOI

SUR LA RESPONSABILITÉ DES MINISTRES

ET DE TOUS LEURS AGENS,

ADRESSÉS

A MM. LES DÉPUTÉS, MM. LES PAIRS,

ET A L'EUROPE ENTIÈRE,

Par un Français qui a toujours été libre.

La garantie à tous, à présent ou jamais.

PARIS, LYON, LAUSANNE ET LONDRES,

CHEZ LES MARCHANDS DE NOUVEAUTÉS.

1830.

LYON, IMPRIMERIE DE J. M. BARRET, 183.

OPINION ET PROJET DE LOI

SUR LA

Responsabilité des Ministres

ET DÉ LEURS AGENS.

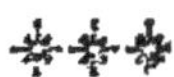

Messieurs,

Quel Français n'est pas souverainement intéressé à ce qu'il n'y ait que de sages lois pour régir paternellement, avec honneur et impartialité le sol chéri de la France? Dès lors, toute bonne loi doit tendre vers ce but sacré; mais pour y parvenir, l'égoïsme, les basses coteries et cent autres misérables passions doivent rester à l'écart, devant l'intérêt de tous. Que la raison pure et la conscience seules y dominent. Ici je m'adresse aux sages des deux Chambres qui n'ont pu sitôt oublier leurs devoirs et nos droits, et devant qui la modération, la légitimité et la religion du serment ne sont point un vain mot, mais sont de nobles et immortelles vertus auxquelles ils rendent hommage dans leur inviolable sanctuaire, aussi bien au milieu des orages les plus séditieux, les plus anarchiques du lâche et perfide intérêt mercantile qui les a fait naître, que dans le grand calme de sécurité trompeuse, souvent précurseur des tempêtes.

C'est enfin, je le répète aux sages des deux Chambres, à ceux de la France incorruptible où je voudrais trouver un sénat de rois, et à l'étranger impartial que j'offre sans prétentions mes idées et quelques lumières......
Je les crois utiles à mon pays et dans l'intérêt de tous; puissent-elles montrer à la saine réflexion des penseurs, amis sincères de la vérité, d'un côté l'abîme hideux des révolutions entr'ouvert de nouveau près du vaisseau de l'Etat si cruellement balloté, pour l'engloutir sans retour à la vue même du port; et de l'autre, le Palladium inviolable et sacré de nos libertés, octroyé par S. M. Louis XVIII, qui lui sert de voiles et de gouvernail en même temps; et la divine sagesse, de pilote salutaire, seul grand remède à nos maux.... Ici, la patrie éplorée vous offre 86 départemens en deuil du commerce et de la bonne foi qui s'éclipsent de nos cités, tous ont des besoins réels; *Paix et Légitimité*, s'écrie la presse éclairée, libre des préventions du génie du mal qui abuse, et des vociférations assourdissantes du crime qui menace et calomnie avec la plus outrageante impudence, parce qu'il compte sur une longue impunité. A l'aspect donc, de tant de contrastes étonnans, imprévus, au milieu des contradictions les plus grossières du déraisonnement, et de tous les vices déchaînés des enfers, pour insulter à la vertu opprimée, je soumets des idées graves à l'autorité de la haute législature, pour prévenir de plus grands maux, des dangers imminens, et aider, s'il en était encore temps, la faiblesse des ministres qui ont besoin de grandir sous de sages tutelles, pour voler vers le but glorieux, le but imprescriptible du *cuique suum* de la félicité universelle, et c'est le vœu de toute la France légitime.

Voici mon plan, mon projet de loi :

Art. 1.er Tous les ministres et leurs agens, quelle qu'en soit la dénomination et les fonctions respectives, sont civilement responsables pendant trente ans, mais cette responsabilité ne peut être illimitée en toutes choses.

Art. 2. Nul ne pourra être ministre en France, s'il n'est né Français, ou s'il n'est naturalisé Français, au moins depuis vingt ans.

Art. 3. Le traitement annuel d'un ministre ne pourra dépasser 80,000 francs, et sa retraite 20,000 francs.

Art. 4. Tout ministre, avant d'entrer en fonctions, prêtera serment de fidélité au Roi, ou à défaut, au Régent, etc., et justifiera de son intégrité : à ces fins, un procès-verbal sera signé de lui ; et, à ses périls et risques, en cas d'accusation, prouvera qu'il n'a jamais conspiré, ni fait ou laissé impunément et sciemment conspirer, en aucun cas, contre le gouvernement royal.

Art. 5. Un ou plusieurs ministres ne pourront être accusés que par les Chambres en majorité réelle et légale, de concert avec le Roi, ou en leur absence par le souverain légitime et son Conseil entendu d'après les formalités judiciaires et légales, et pour les crimes prévus par les codes et les lois existantes et en vigueur.

Art. 6. Tout ministre en entrant en fonctions est censé avoir fait dès-lors, déclaration publique de l'état complet de sa fortune au gouvernement, et par là même, au sortir de son administration, il est censé comptable à la France et au Roi, de tout excédant de biens meubles oui mmeubles, quelque part qu'ils existent à lui appartenant, qui dépasseraient la valeur de son traitement annuel, à moins qu'il ne justifie d'héritages légitimes dans le mois même qu'il entre en jouissance d'iceux, fussent même de rentes quelconques en France ou à l'Etranger.

Art. 7. Tout ministre ne pourra, sans cesser ou renoncer à toutes ses fonctions, cumuler plus d'un emploi lucratif, incompatible, par le fait, avec ses fonctions respectives.

Art. 8. Un ministre ne peut être conseiller d'état et membre de la cour de cassation en même temps ; il en est de même de leurs secrétaires-généraux, des généraux et préfets et autres principaux fonctionnaires à leurs ordres ; et ce, sous peine de destitution avec frais, dommage, et être poursuivis comme complices d'abus de pouvoirs cumulés, et confusion dans le même individu.

Art. 9. Les charges contre les ministres ne pourront être reçues à en délibérer qu'après une préalable et sincère discussion aux périls et risques du ou des plaignans et réclamans.

Art. 10. Tout délit des ministres et de leurs agens, en matière civile, judiciaire, religieuse, militaire, de concussion simple, d'agiot, d'usurpation et autres abus de pouvoir ne concernant que des particuliers, pourra d'abord être porté devant des juges inamovibles, d'après ce qu'il est prescrit par les Codes ; mais les crimes de haute trahison, de concussion, de dilapidations et d'anéantissement d'objets de grave importance, auront leur peine graduée depuis la destitution, l'amende simple de 25,000 fr. à la saisie de tous leurs biens, l'exil gradué ou une prison perpétuelle, et seront jugés par un tribunal de responsabilités ministérielles, dont moitié composée par le tirage au sort de 60 pairs (1) et de 30 autres grands juges pris moitié à la cour de cassation, et moitié à la Chambre des députés, également par la voie du sort, et dont un pair ou un prince majeur, et nommé par Sa Majesté, sera le Président de droit.

Art. 11. Ledit tribunal dont les membres reconnus non parens ni alliés d'un ou des accusés, prêteront les sermens judiciaires d'usage, décidera dans sa sagesse sur la quantité et qualité des objets incriminés, pour, sur ce, juger les délinquans, en tout ou en partie, à une ou plusieurs destitutions simultanées, et à une amende double du dommage, hypothéquée sur leurs biens présens et à venir, ou enfin à une prison à temps, ou perpétuelle, etc.

Art. 12. Les membres de ce tribunal seront attaquables ou récusables en la forme des autres tribunaux, et renouvelés par cinquième, tous les cinq ans, ou prorogés d'après la demande d'une des Chambres ou du Roi.

Art. 13. Tout ministre français, en quelque pays qu'il soit, est pendant 10 ans susceptible d'être poursuivi pour crime de haute-trahison, de lèze-majesté, et pour gestion et administration des affaires dont il peut s'être témérairement chargé, s'il est prouvé qu'il a agi avec mauvaise foi et perfidie. Mais l'accusation sera toujours aux périls et risques des accusateurs reconnus sincères et solvables.

Art. 14. Tout ministre concussionnaire, outre la prison à temps qu'il encourra, ses biens et, à défaut, ceux

(1) La majorité des pairs pouvant fort bien conserver telle antipathie contre tel pair accusé et *vice versâ*. Ici c'est un palliatif salutaire.

de ses héritiers seront saisis, s'ils n'entendent point renoncer à l'hoirie du délinquant; et néanmoins, le ministre prévaricateur en recouvrant ses droits civils ne pourra être fonctionnaire public.

ART. 15. Les ministres sont responsables, chacun en ce qui concerne légalement leurs attributions, des accidens publics, commerciaux, civils, militaires, politiques, judiciaires ou religieux, et *à fortiori*, lorsqu'ils en auront été instruits régulièrement en temps utile.

ART. 16. Les ministres ne sont pas responsables des accidens imprévus, ni de ceux de leurs prédécesseurs ou de leurs successeurs, ni enfin, étant fidèles à leurs poste et devoirs, de ceux qui, quoique prévus, ils n'auront pu par la force de certaines circonstances en empêcher l'effet plus ou moins nuisible.

ART. 17. Tout ministre qui n'aura pas légalement exécuté dans le plus bref délai possible les ordres du Roi, ou à défaut, d'un Lieutenant-général, Régent ou Régente du royaume, contre des dénis de justice et autres cas prévus et désignés dans la Charte ou dans son esprit, ainsi que celui des lois et ordonnances nécessaires et en vigueur; que ce soit négligence, ignorance spécieuse, ou refus formel ou tacite, le ministre coupable sera accusé d'office et gratuitement pour les plaignans, sur les lettres ou pièces légalisées en réponse aux réclamans, fournies antécédemment soit par des gentilshommes de service et autres grands du royaume, ou sur les pétitions enregistrées, présentées à la Chambre ou Tribunal d'enquête précité sur la responsabilité.

ART. 18. Leurs secrétaires-généraux, préfets, leurs agens, secrétaires ou commis, etc., le seront de même, à raison de leurs emplois près des mêmes ministres, et tous également et proportionnellement seront comptables des suites, frais, dommages-intérêts, résultans d'un ou des dénis de justice dénoncés ; mais en cas d'erreur de bonne foi, ils seront, eux ou leurs subordonnés, simplement destitués, mais solidaires les uns pour les autres, si le Roi n'était prié par le tribunal d'y intervenir.

ART. 19. Tous délégués de ministres, et tous autres fonctionnaires qui n'auront pas révélé à l'autorité compétente ce dont ils auront connaissance d'abus graves de pouvoir, de dilapidation des deniers publics, de dénis graves de justice, et de tout ce qui, en un mot, peut compromettre l'existence du gouvernement légitime, et l'exécution impartiale de la Charte, des lois et des ordonnances royales, seront destitués, sans préjudice d'autres peines, s'il y a lieu ; et il en sera de même, si, excités à être corrompus ou séduits par des promesses ou emplois flatteurs, ils taisent ces moyens pervers ; touchent, ou laissent toucher impunément au trésor, etc., ou empêchent que quelques sommes, ou parties de numéraires, ou effets de banque et tous autres actes n'y soient portés ; ou, enfin, qu'ils cèlent eux-mêmes tous autres moyens dangereux, contraires à la sûreté publique.

ART. 20. Tout déplacement, même momentané de fonds du trésor, ou de sommes retardées d'y entrer, par spéculation mercantile ou par trafic, sans avertissement convenable, ou non suivi de l'approbation au moins tacite d'une des deux Chambres ou d'un Conseil extraordinaire d'Etat, est contrairement à la Charte, un monopole et usure qui porte avec lui une amende double de la valeur de la somme ou des intérêts frauduleusement détournés ou momentanément soustraits sans exemption d'autres peines plus graves s'il y a lieu.

Art. 21. Tout ministre qui aura acheté ou fait acheter en secret, pour son propre compte et intérêts réels, des rentes sur l'Etat, à une perte de moitié pour les vendeurs surpris ou insinueusement menacés par eux d'une baisse, quelqu'en soit la dénomination spéculative ou le motif, sera censé coupable d'agiot et passible dudit délit, et en outre aussitôt destitué.

Art. 22. Toute personne qui aura déclaré évidemment au gouvernement des délits ministériels, en quelque pays qu'elle soit, aura une récompense nationale, proportionnée au service rendu à l'Etat, après le jugement.

Art. 23. Toute dépense non urgente faite à l'insu du gouvernement, sera censée *dol* et dilapidation.

Art. 24. Tout luxe, fastes et dépenses ministérielles au-delà des convenances, en cas de plainte légale aux Chambres, soit en meubles ou immeubles, sont à la charge, frais et conséquences du ministère; et du moment même, il est comptable des frais, dépens, et même des dommages des ventes, marchés et procédures qui en sont les conséquences.

Art. 25. Il en est de même de tout excédant de dépenses non sincèrement justifié, et en cas de guerre, de troubles ou d'autres fléaux, un tiers du traitement des ministres, ou même plus, sera provisoirement ou définitivement retenu, si la guerre ou d'autres calamités sont attirées sur le sol de la patrie ou de ses colonies par pure négligence, incapacité ou imprévoyance grossière, sans préjudice d'autres peines et d'autres responsabilités, s'il y a lieu.

Art. 26. Tout ministre à qui l'on aura signalé, sur pétition dûment en forme et légalisée, de graves abus de pouvoirs de premiers magistrats ou de secrétaires généraux et autres subalternes de son ressort, et qu'il les aura laissés subsister nonobstant délation formelle décemment et impartialement adressée, à périls et risques du délateur responsable et solvable, sera réputé complice au moins du délit commis, et comme sciemment instruit et de mauvaise foi, sera responsable de toutes les suites funestes qui en résulteraient. Il en sera de même des émeutes et conspirations à eux inutilement dévoilés, sauf leur prompt recours contre leurs délégués et autres magistrats sous leurs ordres, qui les auraient réellement trompés.

ART. 27. Tout ministre et leurs agens, général, maréchal, duc, pair ou prince de France, *à fortiori* tout fonctionnaire, électeur ou député sous leurs ordres, qui auront participé, dirigé, excité, soldé ou protégé publiquement ou tacitement par des trames et menées de la malveillance, des émeutes populaires ou militaires, des conspirateurs ou usurpateurs, quels qu'ils soient, sont passibles de la prison perpétuelle et amende équivalente à leurs biens, dans toute son extension; et en cas d'incapacité, de démence légale, ils encourent le bannissement à temps: il en est de même pour le cas d'aide, et crime d'avoir soustrait ou laissé, au milieu d'un désordre réel ou non, soustraire des objets de grand prix appartenant au Roi et à la couronne.

ART. 28. Le ministre quel qu'il soit, n'est responsable que devant le Roi de la liste civile, cependant; si un ministre pensionnait des rebelles au Roi, et osait les décorer, de son chef, au nom du Roi, il est par là même, comptable et responsable envers le Roi et la France, ou, s'il a surpris sa foi, dès lors il doit être censé complice du crime de haute trahison.

Art. 29. Tout ministre répond sur sa fortune et sur sa liberté, de la violation par lui faite, ou publiquement et impunément autorisée du crime d'hérédité successive et de l'exécution de la loi salique, à l'égard du trône légitime.

Art. 30. Toute dépense non urgente faite à l'insu du prince régnant, et non ordonnée par lui ou autorisée par les Chambres, est censée vol; il en sera de même si les livres sont mal tenus, les inventaires vicieux, les marchés ou conventions nuisibles à l'intérêt public.

Art. 31. Tout ministre qui fera présenter, discuter et voter une ou plusieurs lois, ou parties additionnelles ou soustractives d'icelles, dans une, ou dans les deux Chambres, où les membres respectifs ne seront pas évidemment prouvés être en nombre légal, pour voter et discuter selon toutes les formes voulues, pleinement et librement, dans l'intérêt public, la loi entière ou partielle en discussion sera nulle de droit, et cette loi, ou un, ou plusieurs de ses articles, fussent-ils sanctionnés par le Roi trompé, ou autre chef de l'état; dès lors, le ministre sera censé coupable d'abus de pouvoir, et condamné à une amende égale à ses biens existans, et à la destitution, etc.

Art. 32. Tout manque de respect dû aux Chambres, de la part du ministre, en paroles, gestes ou menaces, le fera rappeler à l'ordre par le président, ou vice-président, ou doyen d'âge, sans préjudice d'autres peines, en cas de calomnie et d'outrages. Il en sera de même des députés ou des pairs à l'égard des ministres.

Art. 33. Tout journal et autre feuille stipendiée par un ministre, autre que le journal du Moniteur, sera à la charge et aux risques du ministre; et il en sera de même des impressions clandestines ou publiques non autorisées par les lois et ordonnances en vigueur, sans préjudice d'autres poursuites, s'il y a lieu.

Art. 34. Tout projet de loi appartenant surtout à l'ordre et à l'intérêt public des provinces ou des départemens, devra être inséré, sous la responsabilité des ministres, un mois avant, dans le Moniteur, et même, imprimé ailleurs, si faire se peut, pour être soumis utilement aux lumières des gens de lettres et jurisconsultes de province. Sont exceptés, des cas graves dont l'urgence imprévue ne le permettrait pas, ce dont, au besoin, les ministres auront à justifier..

Art. 35. Tout ministre qui aura mis au carton des pétitions justes et décentes, renvoyées à lui par une ou par les deux Chambres, sera censé complice du déni de justice incriminé ...

Art. 36. Tous les ministres sont plus que civilement responsables, les uns pour les autres, de l'entretien et approvisionnement des greniers d'abondance des chefs-lieux de départemens et de la capitale, ainsi que de la vigilance sur l'état sanitaire et alimentaire de la France et des colonies. En conséquence, tout accaparement de grains, autre que celui d'un fournisseur général de l'armée, dépassant la valeur de 200,000 francs, même sous une raison sociale, sera censé retomber sur toute la responsabilité du ministre. Il en sera de même, envers eux et leurs agens, de l'exportation de nos grains, en temps de disette, et de leurs enmagasinemens clandestins.

Art. 37. Tout ministre qui, pour des motifs spéciaux trop intéressés, et sous de vains prétextes, aurait administrativement, en ce qui le concerne, donné des effets rétroactifs aux ordonnances, jugemens et décisions du Conseil d'Etat, refusé d'enregistrer au bulletin des lois, suspendu, modifié les effets, ou empêché de faire parvenir aux fonctionnaires publics ou au peuple les lois, ordonnances ou décisions du Conseil d'Etat, proclamations et ordres du jour dans le sens des lois, sera passible des peines du délit d'abus de pouvoir, etc., etc.

ART. 38. Les ministres et leurs agens répondent des délits commis en faveur ou contre l'initiative et les prérogatives royales, à moins qu'ils ne soient démissionnaires, ou qu'ils justifient de leur haute désapprobation.

ART. 39. Les ministres et leurs agens répondent également contre tout sens torturé et tout effet rétroactif qu'on voudrait donner aux codes, aux lois et à la Charte.

ART. 40. Le ministre, ou agent sous ses ordres, qui aurait répondu par des fins de non-recevoir, à de justes et légales réclamations de droit, ou qui aurait autorisé ou mis en fonctions délicates des faillis non réhabilités, ou inscrit dans les listes électorales ou dans le jury, des banqueroutiers et autres, des personnages à principes irréligieux, immoraux et anarchiques, dangereux par là même à la société ; le ministre, quel qu'il soit, sera soudain et justement destitué, et ses traitemens supprimés, comme indigne et ennemi social, sauf encore application d'autre peine, s'il y a lieu.

ART. 41. Un ou plusieurs ministres qui auront agi arbitrairement contre les assemblées électorales et l'ordre légal des élections, ou qui auront ourdi d'autres trames contre les corps administratifs, les municipalités légalement établies, la force publique intérieure ou extérieure, les armemens ou désarmemens, ou retiré les armées de terre et de mer intempestivement, pour abandonner nos possessions et colonies, ou contre les tribunaux, le jury, le culte légalement établi, les pensions religieuses, civiles et militaires, l'instruction publique, la liberté d'enseignement sagement et religieusement dirigée, contre l'étude des belles-lettres, sciences et arts, imprimerie et librairie ; enfin, contre les récompenses, encouragemens, brevets d'invention, agriculture, monnaies, mines, concessions, carrières, navigation, commerce, colonies, galères, polices, classemens, avancemens, correspondances, traités, édifices publics, monumens, routes, ponts et chaussées, etc., dans ce cas, le délit contre l'une ou plusieurs de ces branches des administrations, sera une amende égale à leurs biens, et l'emprisonnement à temps ou à perpétuité, comme si l'on portait atteinte à nos lois, sans pour ce, être exempt d'autres poursuites légales.

ART. 42. Les ministres, à peine de complicité d'abus de pouvoir, devront faire poursuivre d'office, sur des plaintes en forme, les juges civils et militaires qui auront fait précipitamment condamner, et contrairement aux lois, des Français ou des étrangers à des peines infâmantes, ou même à perpétuité ou à mort, sans avoir été entendus ni défendus.

ART. 43. Nul ministre ne pourra demander une contribution quelconque, au delà de ce qui aura été alloué ou consenti précédemment dans le budget, à moins qu'il en fasse connaître, dans les journaux, l'emploi pour besoin urgent et imprévu, avec l'autorisation du prince régnant, et le consentement au moins tacite des membres des deux Chambres, en vacances ou non ; mais toujours le ministre en sera comptable à la plus prochaine session.

ART. 44. Tout crédit éventuel accordé par les Chambres, n'affranchit point les ministres responsables de la reddition chiffrée de l'emploi des allocations au plus prochain budjet, toutes les fois que les Chambres le jugeront nécessaire, et, elles pourront au besoin, suspendre l'emploi de tout ce qui en resterait, dans le cas seul où il serait démontré abus d'emploi contre l'intérêt de tous.

ART. 45. Tout ministre qui aura cherché à corrompre, ou qui aura surpris la bonne foi du prince, celle d'une ou des deux Chambres, sera puni de la prison perpétuelle et d'amende égale à la valeur de ses biens, etc. Il en sera de même des fonctionnaires complices, et de ceux sous les ordres des ministres, qui auraient cherché à les corrompre, ou à en surprendre la bonne foi.

ART. 46. Les ministres tiendront compte, tous les ans, chacun en ce qui le concerne et en ses attributions respectives, de l'emploi détaillé des fonds et allocations départementales, de l'égale et exacte répartition des impôts, et opérations impartiales du cadastre, du mouvement de la population, des formes invariables du mode de recrutement et de l'amélioration importante du code et règlemens militaires.

Sont exceptés de cette reddition de compte, avant leur exécution, des systêmes politiques, des plans de campagne qui exigent un grand secret, etc., etc. Hors ce cas, tout refus d'information, de communication légale aux Chambres de la part des ministres, quelque ordre qu'ils allèguent, entraînera la destitution, prison, ou l'amende précitée, laissée en tout ou en partie, selon le délit, à la sagesse du tribunal à ce destiné.

ART. 47. Tout ministre, si le cas échet, est obligé de rendre compte de sa conduite aux Chambres assemblées en présence du Roi ou d'un prince délégué de lui, et ce, au sortir de ses fonctions, aux peines les plus graves sus-énoncés.

ART. 48. Nul ministre ne peut empiéter sur les fonctions de ses collégues, ni entamer de longues et ruineuses procédures ; abandonner son poste, ni absenter ou voyager, à moins qu'il n'y ait consentement du gouvernement. Il ne pourra pas également présenter au prince pour ambassadeurs ou consuls près des puissances, des étrangers, à moins qu'ils n'aient trente ans de naturalisation, et de hautes qualités avec un entier dévouement connu pour la patrie adoptive, à peine par le délinquant de porter toute la responsabilité, selon les charges et conviction des délits de l'accusé, présent ou contumace.

Art. 49. Tout ministre correspondant, chacun en ce qui le concerne, avec les fonctionnaires et magistrats sous ses ordres, aura pleine surveillance sur leurs actes et opinions administratifs ; et au besoin, les rappellera au devoir, les éclairera sur les moyens de faire exécuter les lois, etc. ; à la charge de s'adresser au corps législatif et au prince régnant, dans les cas où elles auraient besoin d'interprétation, et il rendra compte, à qui de droit, des abus de l'administration générale, à peine d'abus de pouvoir, et d'arbitraire.

Il en sera de même de toute fausse application de principes, de dessein prémédité, et enfin, s'il empêchait des appels de jugemens, des recours en grâce, ou s'il voulait influencer le Conseil d'Etat, des juges, ou tous autres tribunaux.

Art. 50. Tout ministre qui pourrait être membre des deux Chambres, répond de tous les délits dont il pourrait être cause ou coupable.

Art. 51. Le ou les ministres et leurs agens qui auraient fait ou laissé publier, sans faire poursuivre devant les tribunaux, contrairement aux lois, ordonnances, règlemens de police en vigueur, des libelles diffamatoires, gravures, caricatures, placards et autres estampes lithographiés ou non, contraires aux mœurs, au culte, et insultant aux victimes de l'infortune et du malheur, etc. sont passibles des peines de tout ce qui pourrait arriver de fâcheux contre l'ordre public.

Art. 52. Nuls changemens essentiels, ni modifications ne peuvent être faits, une fois un projet de loi reçu à la grande majorité, et l'opposition présente, sans le concours du Roi légitime et des Chambres au complet, librement assemblées, aux peines de toute la responsabilité ministérielle.

Voilà, Messieurs, beaucoup d'abus signalés, des routes sûres sont tracées, des remèdes efficaces salutairement offerts à tous les sages et pour tous. Le présent, fort du passé, contemplera satisfait, les prévoyances des temps à venir, si nos actions inaccessibles à l'or, aux emplois et aux faveurs, font aux siècles les plus reculés envier notre gloire; mais ne laissons pas lâchement prise à d'éternels reproches, à la honte, aux remords et au blâme d'avoir été tratîres à la patrie, au Roi, et parjures à nos sermens. Rappelons-nous que la force ne constitue jamais le droit, et qu'une trame conspiratrice largement stipendiée, ne peut être légale devant la conscience intacte et sans reproche. Ce qu'une insurrection populaire élève, une autre force peut l'abattre. L'usurpation n'a que des sophismes, des mensonges, des calomnies et des persécutions oppressives pour garder son règne éphémère, au lieu que le devoir n'est que dans la fidélité jurée et conservée. Écoutez ce que disait le brave général Fox, en

pleine assemblée des Chambres : « Celui qui veut plus
» que la Charte, moins que la Charte, autrement que la
» Charte donnée par S. M. Louis XVIII, celui-là est
» traître à son roi, à sa patrie, à ses sermens. » On ne
peut donc y toucher consciencieusement. D'ailleurs, la
nation entière entend bien être consultée avant tout.
Certes, ses droits parlent plus haut que ceux de la
population d'une seule ville qui serait instantanément
en insurrection. Le devoir n'a rien de provisoire, tout
en lui est fixité, honneur, justice, grandeur et désinté-
ressement les plus héroïques.

Enfin, si des fonctionnaires publics, si des magistrats,
si des mandataires, quels qu'ils soient, ne peuvent être
juges et parties de leurs commettans et de l'État, s'ils
n'existent que sous l'inviolabilité des lois qui les ont placés
au pouvoir, doivent-ils en ingrats, trahissant leurs devoirs et nos droits, renverser l'édifice social qui les a
élevés, sous le bon plaisir d'améliorer. Ah certes, ne
l'oublions point, les actes d'une populace trompée ne
peuvent être, dans le droit, l'expression saine, franche
et libre de tout un peuple libre et non consulté ! Le
temps d'improviser des constitutions sages et durables ne
brille pas encore sur notre horizon politique ; en atten-
dant ces fastiques législateurs, consultons les Lycurgue
et les Solon de tous les pays, de tous les âges. Que la
sage lenteur de nouveaux Fabius dépouille l'exaltation
libérale de toute licence ; autrement, en vain la force
pavoisera-t-elle les monumens et les chapeaux de telles
couleurs exclusives qu'on voudra, dès que le cœur n'y
sera pour rien ; on n'aura rien obtenu même du temps,
que des haines vouées à l'arbitraire et des provocations...
Et c'est un ami sincère du peuple fidèle à ses devoirs et

à ses droits, qui ose proclamer ces axiomes et ces grands principes aux regards impartiaux du monde savant et des sages. La liberté de la presse, qui finit où commence la licence, est faite pour tous, est à tous ; pourquoi n'aurions-nous pas le droit, à notre tour, de jouir de son patrimoine sacré, selon l'ordre légal ? Et dussions-nous être forcés de nous asseoir sur le foyer d'un volcan entr'ouvert pour nous dévorer, l'invincible Caton pourrait nous prêter sa voix, sa force et son courage, pour répéter à tous, par des milliers d'échos : *La force seule n'est pas le droit.*

O conscience incorruptible et pure, que tes élancemens divins confondent, harassent à jamais l'imposture ! Que tes inspirations toutes-puissantes foudroient la perfidie du crime aux cent bras, et ce colosse d'argile si hideusement caricaturier retombera dans la boue d'où il est sorti. La vertu veut tout sauver, et sa noble voix retentit et répète à tous les peuples, qu'il vaut mieux mériter un trône, que l'accepter sans justice et sans gloire. La postérité si impartialement rémunératrice, sait parler librement dans l'histoire, là, elle a ses pages vengeresses, et ses palmes immortelles décernées aux vertus permanentes du sage opprimé. Voilà les titres les plus beaux et les monumens impérissables que l'usurpation, l'oppression et l'anarchie ne pourront jamais anéantir.

Vive la Fidélité ! Honte aux Traitres ! aux Anarchistes ! aux Parjures !

P.* L.* M.*